Género Biografía

Pregunta esencial

¿Cómo hacemos investigaciones sobre la naturaleza?

Norman Borlaug y la revolución verde

Jocelyn Cranefield

Capítulo 1

Un chico de Iowa

Norman Borlaug y sus amigos iban camino a la escuela cuando se vieron atrapados por una tormenta de nieve. Norman estaba exhausto de caminar contra el viento y el frío. Decidió acostarse en el pasto cubierto de nieve profunda y suave. Les dijo a los demás que no podía seguir adelante.

Su prima Sina lo hizo ponerse de pie y seguir adelante. Al no permitirle detenerse, le salvó la vida.

Años después, Norman dijo que Sina lo inspiró al negarse a dejarlo abandonado.

Norman tenía que caminar a la escuela bajo todo tipo de clima.

(bkgd) Tinke Hamming/Ingram Publishing. (b) Ingram Publishing/age fotostock

Norman Borlaug nació en una granja en Iowa, en 1914. Era el mayor de cuatro hijos. Los habitantes de esta comunidad agrícola trabajaban la tierra para sobrevivir. Desde temprana edad, Norman también tuvo que trabajar en la granja. Ayudaba a su familia en la cría de vacas, cerdos y gallinas. También ayudaba en los cultivos de avena y maíz.

En invierno había 16 estudiantes en su escuela, pero en verano solo había 10 o 12. Los chicos mayores tenían que ayudar a cosechar los campos.

DAR EL 105%

Norman practicaba la lucha libre en la secundaria. Su entrenador lo animaba a "dar el 105%". Eso lo ayudó a ser tenaz y resistente más adelante en su vida.

En Iowa, la mayor parte del terreno es llano. Hay muchos ríos y arroyos. Esto hace que Iowa sea un lugar ideal para la agricultura.

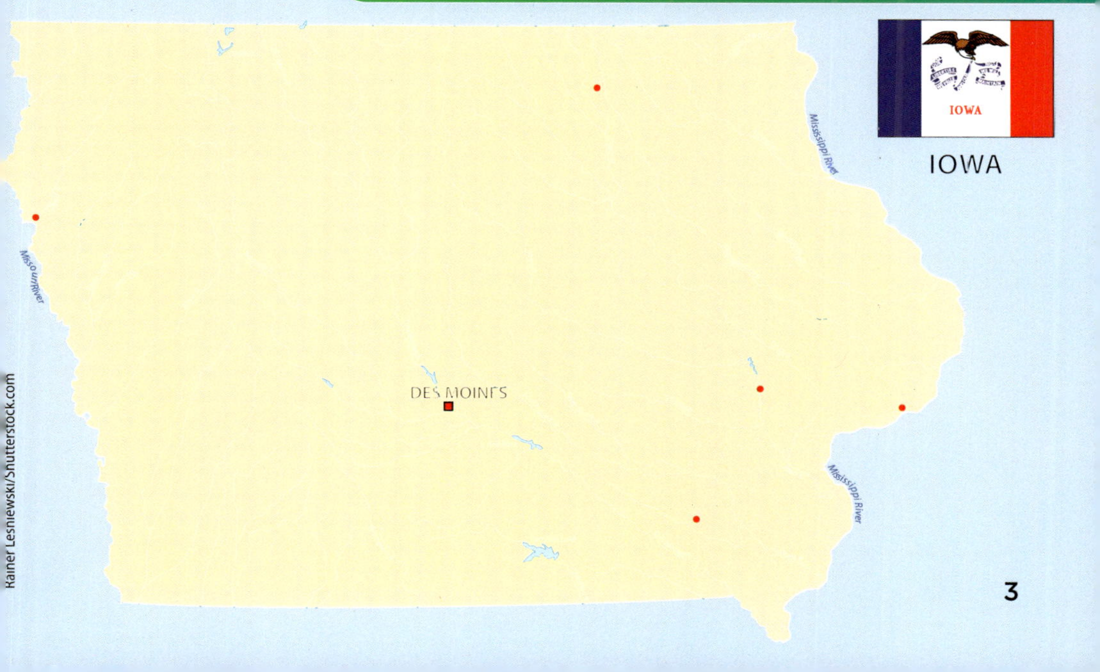

Cuando Norman terminó la secundaria, su abuelo lo animó a seguir estudiando. Se inscribió en la Universidad de Minnesota y trabajó para ayudar a pagar su educación. Esto ocurrió durante la **Gran Depresión**. A Norman le causó gran conmoción conocer tantas personas desesperadas y pobres que habían perdido lo que tenían.

Un día en la universidad, Norman escuchó hablar a un científico, Dr. Stakman, acerca de unas esporas microscópicas de un **hongo** llamado roya, que destruye los cultivos. El científico dijo que si se pudiera prevenir la roya, sería posible reducir la hambruna mundial. Norman estaba interesado en esta idea y decidió estudiar con el Dr. Stakman.

AHORA COMPRUEBA

¿Quién ayudó a Norman a convertirse en un científico de plantas?

El viento recoge esporas microscópicas de roya y las lleva de planta en planta.

Ted Streshinsky/Corbis Documentary/Getty Images

Capítulo 2

Trabajo en México

Cuando terminó la universidad, en 1942, Norman Borlaug consiguió empleo en una empresa química. Luego, en 1944, su antiguo maestro, el Dr. Stakman, lo motivó a ayudar a resolver el problema de escasez de alimentos en México.

México necesitaba más alimentos para su creciente **población**. El trabajo de Borlaug era descubrir cómo cultivar más trigo. Esto aumentaría la **cosecha** de la tierra. Trabajaría con granjeros y científicos para resolver el problema.

COSECHA

La única parte del trigo que se come es la semilla, o grano. La cosecha es el conjunto de esos granos que se recogen de la tierra. Mientras mayor sea la cosecha, más personas pueden ser alimentadas.

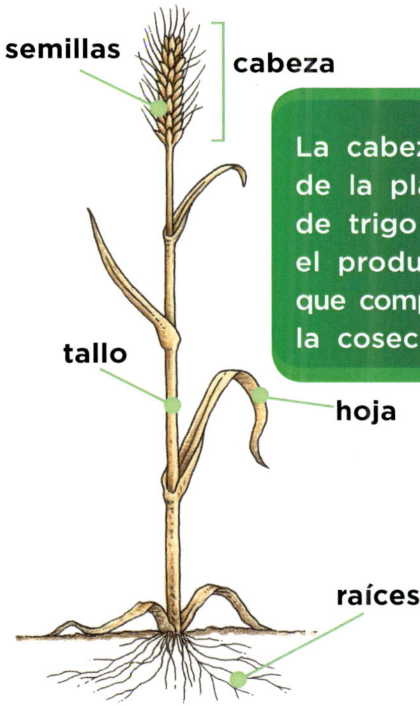

La cabeza de la planta de trigo es el producto que compone la cosecha.

Había otro problema. El trigo de México había sido arruinado por el hongo de la roya. Borlaug necesitaba producir un nuevo tipo de trigo que fuera resistente a la roya. Normalmente, este proceso tomaría de 10 a 12 años. Borlaug debía encontrar una manera más rápida.

Comenzó a trabajar en la Estación de Experimentación Valle del Yaqui, en Sonora, México. Las condiciones en la estación de **investigación** eran perfectas para cultivar trigo. El clima era cálido y soleado, el suelo era fértil y la tierra recibía irrigación.

Norman Borlaug tenía una teoría acerca de cómo doblar la tasa de cultivo del nuevo trigo. En esa época, los científicos cultivaban normalmente plantas en un solo lugar. Esto hacía fácil controlar las condiciones y comparar los resultados.

El Valle del Yaqui era un buen lugar para cultivar trigo en invierno, pero en verano era demasiado caluroso. Borlaug necesitaba encontrar otro lugar para cultivar trigo en verano. Entonces podría llevar a cabo sus experimentos durante todo el año. Esto aceleraría el proceso.

AHORA COMPRUEBA

¿En qué problema trabajó Norman Borlaug cuando estuvo en México?

Al Valle del Yaqui a veces se le llama el hogar de la "revolución verde" debido al trabajo que Norman Borlaug hizo allí.

Ted Streshinsky/Corbis Documentary/Getty Images

Capítulo 3

La respuesta

<u>Norman Borlaug era enérgico en su trabajo.</u> Viajó por todo México en busca de lugares donde el trigo creciera en verano.

A cientos de millas de distancia, en el fresco sur, encontró dos sitios, cercanos el uno del otro, que parecían perfectos. Eran el Valle de Toluca y Chapingo. Ahora podía cultivar trigo todo el año.

SITIOS DE CULTIVO DE TRIGO EN MÉXICO

Detective del lenguaje

Observa el punto y seguido en la oración subrayada. Ahora busca un punto y aparte en esta página.

(t) Tinke Hamming/Ingram Publishing, (b) illustration: Peter Campbell

Con la ayuda de los granjeros locales, Borlaug comenzó el **cruce** de diferentes tipos de trigo en el Valle del Yaqui. Pasó horas observando cada generación de plantas. Tomaba notas de su tamaño, a qué velocidad crecían y su resistencia a las enfermedades. Escogió las mejores plantas y las cruzó con otras plantas buenas. Este proceso dio como resultado nuevos tipos de trigo.

Luego, Borlaug comenzó a mover las nuevas plantas de trigo al sur. Allí continuó su observación y cruce de plantas. Al moverlas entre lugares con diferentes temporadas de cultivo, duplicó la tasa de reproducción del trigo. Esto probó que su teoría era correcta.

Detective del lenguaje

La palabra subrayada es un sustantivo plural. Busca en esta página otros sustantivos plurales.

Borlaug (tercero de izquierda a derecha) con un grupo de granjeros mexicanos en un campo de trigo.

Borlaug y su equipo desarrollaron un tipo de trigo resistente a las enfermedades. Estaban felices por la desaparición de la roya, pero había un nuevo problema. Con frecuencia, las nuevas plantas se inclinaban por el peso de sus granos.

Comenzaron a usar plantas más cortas, llamadas enanas. Los tallos fuertes y gruesos de estas plantas les ayudaban a mantenerse derechas. Además, producían más granos. Borlaug cruzó las plantas enanas con el trigo más largo. Creó un nuevo tipo de trigo resistente a las enfermedades y de tallo corto y fuerte.

Norman Borlaug muestra dos variedades de trigo.

AP Images

Norman Borlaug trabajó en México durante más de 15 años. Su trabajo allí fue un gran éxito. Al final, cruzó más de 40 tipos de trigo corto, resistente a las enfermedades y de alto rendimiento.

Su sistema de cruce tenía otro beneficio. El nuevo trigo había crecido en climas diferentes, donde las horas de luz solar variaban. Esto lo hizo fuerte y adaptable. Podría cultivarse en muchos lugares y condiciones alrededor del planeta.

AHORA COMPRUEBA

¿Cómo descubrió Borlaug que podía cultivar trigo todo el año?

COSECHAS DE TRIGO EN MÉXICO

Cosecha de trigo en 1945: alrededor de 250,000 toneladas

Cosecha de trigo en 1965: alrededor de 2,500,000 toneladas

Después de que se sembró el nuevo trigo en México, la cosecha aumentó.

Illustration: Peter Campbell

Capítulo 4

Más trigo para el planeta

En la década de 1960, la India y Pakistán tenían dificultades para producir suficientes alimentos para sus habitantes. Muchos científicos consideraban que millones de personas podrían morir de hambre.

Borlaug envió cientos de toneladas de las semillas del nuevo trigo a la India y a Pakistán. Les explicó a los funcionarios de esos gobiernos cómo cultivarlo.

MÉXICO, INDIA Y PAKISTÁN

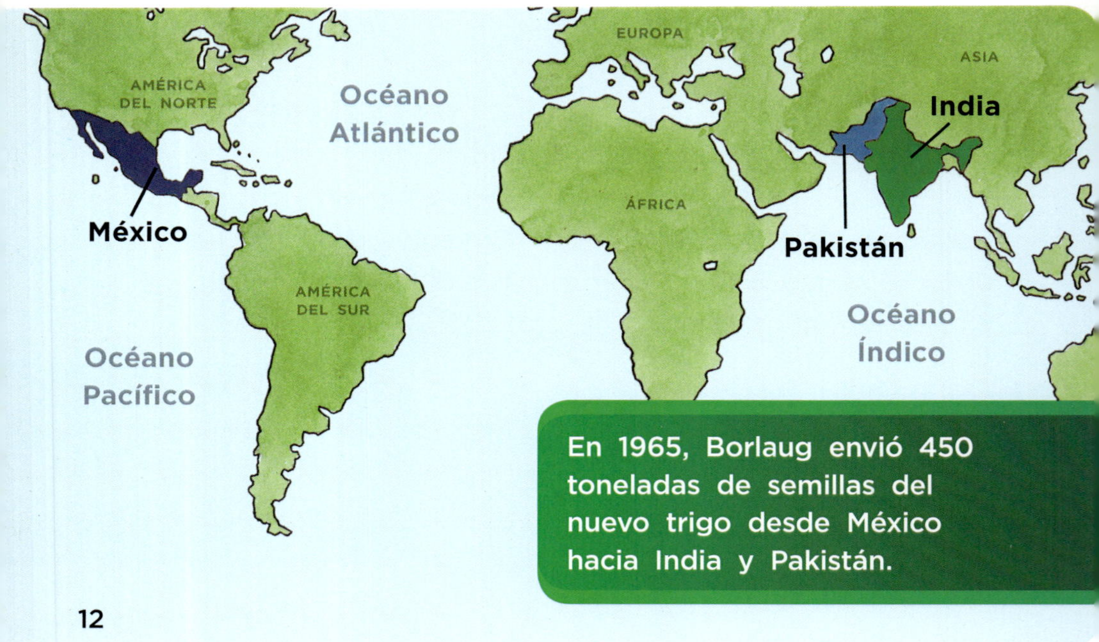

En 1965, Borlaug envió 450 toneladas de semillas del nuevo trigo desde México hacia India y Pakistán.

Al cabo de unos años, los nuevos tipos de trigo se habían cultivado en muchas partes de la India y Pakistán. Las cosechas aumentaron de modo extraordinario.

No solo las semillas de Borlaug viajaron alrededor del planeta. Sus ideas también comenzaron a migrar. Como traídas por una ráfaga, empezaron a establecerse estaciones para el cruce de plantas en India, Pakistán, Canadá, Estados Unidos y otros países de América del Sur.

Los científicos comenzaron a trabajar juntos como una comunidad. Compartían los resultados de las pruebas y se enviaban semillas entre ellos. Cambiaron sus comportamientos. Era toda una nueva manera de trabajar.

El trigo de alto rendimiento crecía rápido, pero necesitaba mucha agua y nutrientes. Borlaug animó a los granjeros a usar **irrigación** y fertilizantes. El conjunto de estas nuevas plantas y nuevos métodos agrícolas se conoció como la "revolución verde".

Borlaug les enseñó a los científicos y granjeros indios el nuevo trigo.

En 1970, Norman Borlaug ganó el premio Nobel de la Paz. ¡Nadie lo había ganado antes por cultivar plantas!

Borlaug es reconocido por haber salvado miles de millones de vidas. Sus innovaciones transformaron la agricultura y ayudaron a las personas a ver que la ciencia y la tecnología pueden llevar mejoras al campo. También ayudó a construir una comunidad global de científicos capaces de trabajar juntos en la solución de problemas. Los efectos de su trabajo aún se pueden ver en la actualidad.

LA REVOLUCIÓN AZUL

Antes de morir, Norman Borlaug se preocupó por una futura escasez mundial de agua. Hizo un llamado por una "revolución azul" para conservar el agua.

AHORA COMPRUEBA

¿Cómo ayudó la "revolución verde" de Borlaug al planeta?

Las ideas de Borlaug ayudaron a habitantes de todo el planeta.

STR/AFP/Getty Images

Respuesta a la lectura

Resumir

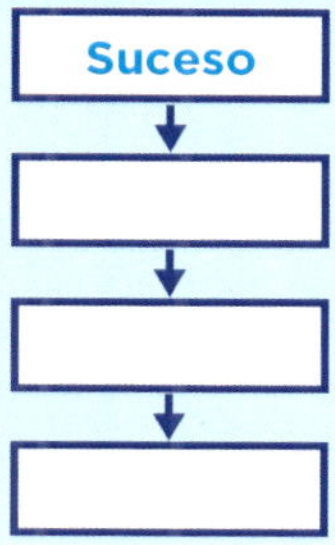

Usa detalles importantes de *Norman Borlaug y la revolución verde* para resumir cómo investigaba Borlaug la naturaleza. Usa el organizador gráfico como ayuda.

Evidencia en el texto

1. ¿Cómo sabes que *Norman Borlaug y la revolución verde* es una biografía? Da ejemplos tomados del texto. **GÉNERO**

2. En el capítulo 1, ¿cuál es la secuencia de los sucesos que llevan a Borlaug a trabajar como científico de plantas? **SECUENCIA**

3. El sufijo *–ico* significa "de o como algo". Por ejemplo, al añadir *–ico* al sustantivo *metal* se forma el adjetivo *metálico*, que significa "hecho de o con el aspecto del metal". ¿Qué significa *microscópicas* en la página 4? **SUFIJOS GRIEGOS Y LATINOS**

4. Vuelve a leer el capítulo 4. Escribe sobre la secuencia de los sucesos que aumentaron la producción de trigo en la India y Pakistán **ESCRIBIR SOBRE LA LECTURA**

Género **Mito**

Compara los textos

Lee un cuento tradicional que muestra la importancia de observar la naturaleza.

Las manzanas doradas

Cada año, la princesa Setenaya se fijaba en una manzana especial que crecía en lo alto de su árbol de manzanas doradas. Le tomaba más tiempo crecer que al resto. También era mucho más grande. Cuando llegaba el otoño, la manzana especial se encogía de nuevo poco a poco.

La princesa Setenaya observaba y esperaba. Cuando llegaba la primera helada, arrancaba la manzana mientras aún estaba madura y jugosa.

Durante varios años, la princesa Setenaya probó diversos usos para las manzanas y observó los resultados cuidadosamente.

Descubrió que si las personas probaban un pedacito de la manzana, se volvían más jóvenes y amables. Si ella amasaba el corazón hasta convertirlo en una crema, esta ponía la piel de las personas más suave. Y cuando hervía la cáscara, aquellos que bebían el caldo se volvían alegres.

Las noticias sobre la manzana especial se propagaron. Un día, una enfermedad llamada cólera se le acercó, disfrazada de un anciano. El cólera rogó por un sorbo. La princesa Setenaya vio su engaño.

Ella sabía que el cólera mataría a más personas si se volvía joven, así que le dijo que no. Se enojó tanto el cólera que regresó en la noche y cortó el árbol.

La princesa Setenaya estaba muy alterada. Sin embargo, se dio cuenta de que ya no necesitaba la manzana. Se había convertido en una talentosa sanadora natural por estudiar la naturaleza y observar a las personas. Pronto descubrió nuevas formas de mantener a su gente saludable y feliz.

Haz conexiones

¿Cómo usó la princesa Setenaya la observación para investigar la naturaleza? **PREGUNTA ESENCIAL**

¿Por qué entender las estaciones ayuda a la investigación de la naturaleza? Usa ejemplos de *Norman Borlaug y la revolución verde* y *Las manzanas doradas* para sustentar tu respuesta. **EL TEXTO Y OTROS TEXTOS**

Glosario

cosecha cantidad que produce un cultivo *(página 5)*

cruce combinación de características de dos tipos diferentes de plantas o animales para producir un nuevo tipo *(página 9)*

Gran Depresión la recesión económica mundial desde 1929 hasta 1939 *(página 4)*

hongo un tipo de ser vivo que sobrevive al descomponer otras plantas y animales *(página 4)*

investigación estudio para tener un mejor conocimiento de algo *(página 6)*

irrigación sistema de suministro de agua para los cultivos *(página 13)*

población número de personas que viven en un país, ciudad o región *(página 5)*

Índice

Enfoque:

Ciencias

Propósito Aprender sobre el cruce de otras plantas

Procedimiento

Paso 1 Con un compañero o una compañera, investiguen ejemplos reales de plantas híbridas.

Paso 2 Elige una de esas plantas para investigar más. Descubre las características por las cuales fueron cruzadas y por qué.

Paso 3 Haz un árbol genealógico de la planta. Muestra los ancestros y el híbrido que resultó. Escribe cada uno de los ancestros e incluye sus atributos. Escribe el nombre de la planta híbrida e incluye sus atributos.

Paso 4 Muestra el árbol genealógico a la clase. Explica por qué elegiste esa planta. ¿Por qué es un híbrido importante?

Conclusión ¿Qué aprendiste acerca del cruce de plantas? ¿Es siempre exitoso? Explica tu respuesta. ¿Por qué es bueno cruzar plantas? Si fueras a cruzar dos plantas, ¿qué plantas cruzarías? ¿Por qué?